안녕하세요!
만화가 부부 인호빵(김인호, 남지은)이에요!
쓱싹 시리즈 3탄 <맞춤법> 편으로 다시 인사드리게 되어 정말 기뻐요!
앞서 발행된 <속담> 편과 <사자성어> 편을 읽어 보신 독자님이시라면,
<맞춤법> 편도 기대하시고 기다려 주셨으리라 믿습니다!
(흥흥~ 그렇게 믿어도 되지요?)

여러분은 맞춤법을 잘 지켜 쓰고 계신가요?
헷갈리지 않고 바르게 잘 쓰고 싶은데 그렇지 못할 때가 많을 거라 생각돼요.
맞춤법을 정확히 알고 쓰는 것은 어른들에게도 쉽지 않은 일이거든요!
그렇다고 해서 '어른들도 틀리는데 뭐~ 내가 틀리는 건 당연한 일이지!' 라고
생각하면 안 되겠지요? <쓱싹 초등 맞춤법>이 확실히 도와드릴게요!

'맞!춤!법!' 의 마지막 글자는 '법' 이에요.
'법'이 무엇인가요?
꼭 지켜야 하는 것이겠죠?

물론, 맞춤법을 틀렸다고 해서 경찰 아저씨한테 잡혀가는 것은 아니에요.
여기에서 말하는 '법'이란, 어떠한 방식이나 방법을 나타낸답니다.
그러니까 맞춤법은 글자를 쓰는 데에 있어서 올바른 방식과 방법이라는 뜻이에요.

무엇이든 올바른 방법대로 사용해야 하는 것은 당연해요.
맞춤법을 올바르게 사용하지 않고 소리나는 대로 쓰거나, 마음대로 쓸 경우
상대방이 오해할 수가 있거든요.
나의 뜻을 정확하게 전달하기 위해서는 맞춤법을 지키는 것이 무척 중요해요!

<쓱싹 초등 맞춤법>에서는 헷갈리기 쉽고, 틀리기 쉬운 단어 100개를
엄선했어요! 부모님과 함께 보시면 더 좋을 거예요.

한두 번의 연습만으로 맞춤법을 정확하게 익히기는 힘들겠지만 헷갈릴 때마다
계속 확인하면서 익혀 가다 보면, 맞춤법 실수를 줄여 갈 수 있을 거예요!

그럼, 쓱싹 맞춤법 책과 함께 즐거운 공부시간 되시길 바래요!

인호빵

인물소개

아빠 김 작가

20년 차 웹툰 작가로, 연재 때문에 바쁘지만 언제나 가족과 함께 더 많은 시간을 보내려고 애쓰는 다정한 아빠!

엄마 남 작가

아빠와 함께 작품을 만드는 만화 스토리 작가! 네 명의 자녀를 홈스쿨링하며 함께 배우고 성장하는 중이다.

첫째 아들 션

둘째 아들 뚜

청소년기에 접어들어 가끔 성숙한 모습을 보이기도 하는 든든한 첫째! 그림 그리는 시간이 세상 제일 행복하다고 한다.

농구와 음악을 사랑하는 멋진 둘째! 쑥쑥 자라고 있지만 아직도 개구쟁이 모습을 유지하고 있다. 힘이 세서 가족에게 많은 도움을 준다.

형들 놀리는 재미로 사는 셋째 혀니! 엉뚱하고 유쾌한 장난꾸러기지만 그림 그릴 때는 세상 진지한 예술가가 된다.

엄마 아빠한텐 애교 만점 사랑스러운 막내딸! 오빠들한텐 목소리로 휘어잡는 여장부! 노래와 장난감 놀이를 제일 좋아한다.

팔다리가 길고 똑똑하다. 소심한 성격 탓에 폴과 친해지는 데 시간이 걸렸지만, 지금은 폴과 둘도 없는 단짝이다.

팔다리가 짧고 털이 엄청나게 많다. 목소리가 우렁차며 엄청 빠르게 뛰어다니는 게 특기로, 성격이 급한 편이다.

이렇게 활용하세요

① 초등 아이들에게 꼭 필요한 쓰임이 다른 헷갈리기 쉬운 말 50개를 뽑았어요.

② 생활 속 재미있고 유쾌한 대화로 헷갈리기 쉬운 말과 틀리기 쉬운 말의 쓰임을 자연스레 익힐 수 있어요.

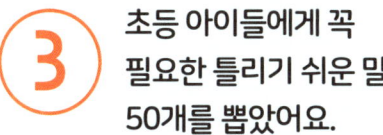

③ 초등 아이들에게 꼭 필요한 틀리기 쉬운 말 50개를 뽑았어요.

④ 맞는 말을 고르는 문제를 통해 헷갈리는 말과 틀리기 쉬운 말을 제대로 이해했는지 확인해 볼 수 있어요.

차례

헷갈리기 쉬운 말

001	가늠 vs 가름	12
002	가르치다 vs 가리키다	14
003	겨누다 vs 겨루다	16
004	곤혹 vs 곤욕	18
005	껍데기 vs 껍질	20
006	꾀 vs 꽤	22
007	낳다 vs 낫다	24
008	너비 vs 넓이	26
009	넘어 vs 너머	28
010	늘이다 vs 늘리다	30
011	다르다 vs 틀리다	32
012	다리다 vs 달이다	34
013	닫히다 vs 다치다	36
014	닿다 vs 닫다	38
015	-대 vs -데	40
016	돼 vs 되	42
017	두껍다 vs 두텁다	44
018	-든지 vs -던지	46
019	들리다 vs 들르다	48
020	띠다 vs 띄다	50
021	-로서 vs -로써	52
022	막다 vs 맑다	54
023	맞히다 vs 맞추다	56
024	매다 vs 메다	58
025	문안하다 vs 무난하다	60

026	바치다 vs 받치다	62
027	반드시 vs 반듯이	64
028	벌이다 vs 벌리다	66
029	배다 vs 베다	68
030	봉우리 vs 봉오리	70
031	붓다 vs 붇다	72
032	붙이다 vs 부치다	74
033	비추다 vs 비치다	76
034	빗다 vs 빚다	78
035	섞다 vs 썩다	80
036	어떻게 vs 어떡해	82
037	연애 vs 연예	84
038	-예요 vs -이에요	86
039	이따가 vs 있다가	88
040	잊어버리다 vs 잃어버리다	90
041	작다 vs 적다	92
042	-쟁이 vs -장이	94
043	저리다 vs 절이다	96
044	조리다 vs 졸이다	98
045	좇다 vs 쫓다	100
046	주의 vs 주위	102
047	지그시 vs 지긋이	104
048	찡다 vs 찢다	106
049	체 vs 채	108
050	출연 vs 출현	110

틀리기 쉬운 말

051	가려고 O 갈려고 X		112
052	곱빼기 O 곱배기 X		114
053	금세 O 금새 X		116
054	꼼꼼히 O 꼼꼼이 X		118
055	낭떠러지 O 낭떨어지 X		120
056	널찍한 O 넓직한 X		122
057	눈곱 O 눈꼽 X		124
058	닦달하다 O 닥달하다 X		126
059	단언컨대 O 단언컨데 X		128
060	대가 O 댓가 X		130
061	뒤치다꺼리 O 뒤치닥거리 X		132
062	드러나다 O 들어나다 X		134
063	며칠 O 몇일 X		136
064	무릅쓰다 O 무릎쓰다 X		138
065	바람 O 바램 X		140
066	봬요 O 뵈요 X		142
067	붙이다 O 붙히다 X		144
068	비로소 O 비로서 X		146
069	빈털터리 O 빈털털이 X		148
070	삼갑시다 O 삼가합시다 X		150
071	서슴지 O 서슴치 X		152
072	설거지 O 설겆이 X		154
073	설레다 O 설레이다 X		156
074	십상 O 쉽상 X		158
075	얻다 대고 O 어따 대고 X		160

076	어이없다 ⭕ 어의없다 ❌	162
077	어쭙잖다 ⭕ 어줍잖다 ❌	164
078	역할 ⭕ 역활 ❌	166
079	오랜만에 ⭕ 오랫만에 ❌	168
080	올바르다 ⭕ 옳바르다 ❌	170
081	왠지 ⭕ 웬지 ❌	172
082	움츠리다 ⭕ 움추리다 ❌	174
083	웃어른 ⭕ 윗어른 ❌	176
084	웬만하면 ⭕ 왠만하면 ❌	178
085	으스대다 ⭕ 으시대다 ❌	180
086	일부러 ⭕ 일부로 ❌	182
087	일일이 ⭕ 일일히 ❌	184
088	일찍이 ⭕ 일찌기 ❌	186
089	잠갔다 ⭕ 잠궜다 ❌	188
090	짜깁기 ⭕ 짜집기 ❌	190
091	찌개 ⭕ 찌게 ❌	192
092	창피 ⭕ 챙피 ❌	194
093	치르다 ⭕ 치루다 ❌	196
094	켜다 ⭕ 키다 ❌	198
095	통째로 ⭕ 통채로 ❌	200
096	틈틈이 ⭕ 틈틈히 ❌	202
097	폐품 ⭕ 페품 ❌	204
098	핼쑥하다 ⭕ 핼쓱하다 ❌	206
099	헷갈리다 ⭕ 햇갈리다 ❌	208
100	희한하다 ⭕ 희안하다 ❌	210

가늠 VS 가름

'가늠'은 어떤 목표나 기준에 맞는지 안 맞는지 헤아려 보는 것을 뜻하는 말이고, '가름'은 '가르다'에서 나온 말로 쪼개거나 나누어 따로따로 되게 하는 것을 뜻하는 말이에요.

맞는 말에 ○표 하세요.

① 옷차림만 봐서는 저 사람이 남자인지 여자인지 [가늠 | 가름] 이 안 된다.

② 놀 때마다 자꾸 네 편, 내 편으로 편 [가늠 | 가름] 을 하는 것은 좋지 않다.

가르치다 vs 가리키다

'가르치다'는 모르는 사람에게 알고 있는 사람이 지식이나 기술 같은 것을 알려 줄 때 쓰는 말이고,
'가리키다'는 어떤 방향이나 대상을 집어서 말할 때 쓰는 말이에요.

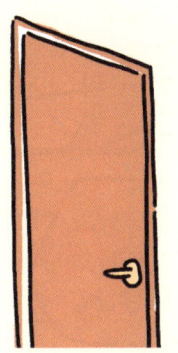

맞는 말에 ○표 하세요.

❶ 우리 선생님은 모르는 것을 정말 잘 [가르쳐 | 가리켜] 주신다.

❷ 아빠가 왼쪽으로 가면 된다고 손가락으로 [가르쳐 | 가리켜] 주셨다.

정답 ❶ 가르쳐 ❷ 가리켜

겨누다  겨루다

'겨누다'는 활이나 총 같은 것을 쏠 때 목표를 향해 방향이나 거리를 잡는 것을 뜻하는 말이고, '겨루다'는 누군가와 서로 버티어 승부를 내려고 하는 것을 뜻하는 말이에요.

맞는 말에 ○표 하세요.

❶ 형사가 범인에게 총을 [겨누었다 | 겨루었다].

❷ 세계 챔피언과 팔씨름을 [겨누어 | 겨루어] 내가 이겼다.

정답 ❶ 겨누었다 ❷ 겨루어

곤혹 VS 곤욕

'곤혹'은 곤란한 처지가 되어 어찌할 바를 모른다는 뜻으로 '곤혹스럽다'라고 표현하고, '곤욕'은 심한 모욕이나 참기 힘든 일을 뜻하는 말로 '곤욕을 당하다', '곤욕을 겪다' 등으로 표현합니다.

맞는 말에 ○표 하세요.

❶ 독립 운동가들은 감옥에서 [곤혹 | 곤욕] 을 치렀다.

❷ 선생님의 갑작스런 질문에 몹시 [곤혹 | 곤욕] 스러웠다.

껍데기 VS 껍질

'껍데기'는 달걀이나 조개 따위의 겉을 싸고 있는 단단한 물질을 뜻하는 말이고, '껍질'은 겉을 싸고 있는 단단하지 않은 물질을 뜻하는 말이에요.

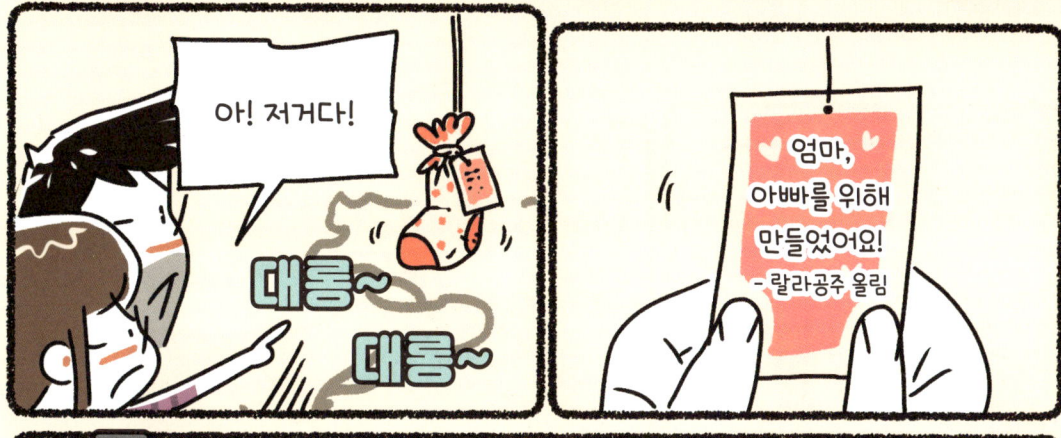

맞는 말에 ○표 하세요.

❶ 병아리가 달걀 [껍데기 | 껍질] 을/를 깨고 나왔다.

❷ 여름에 탄 피부 [껍데기 | 껍질] 이/가 하얗게 벗겨졌다.

꾀 VS 꽤

'꾀'는 어떤 일을 잘 꾸며 내거나 해결해 내는 기발한 생각을 뜻하는 말이고, '꽤'는 보통보다 조금 더 잘하는, 제법 괜찮은 정도를 뜻하는 말이에요.

맞는 말에 ○표 하세요.

❶ 엄마가 공부할 때에는 [꾀 | 꽤] 를 부리지 말라고 하셨다.

❷ 생각보다 시험 점수가 [꾀 | 꽤] 좋게 나왔다.

007 낳다 vs 낫다

'낳다'는 배 속의 아이, 새끼, 알을 몸 밖으로 내놓게 되는 것을 뜻하는 말이고, '낫다'는 어떤 것이 다른 것 보다 더 좋다는 것을 뜻하는 말이에요.

맞는 말에 ○표 하세요.

❶ 고양이가 새끼를 낳다 | 낫다 .

❷ 내 생각에는 이 그림이 더 낳다 | 낫다 .

너비 vs 넓이

'너비'란 평평한 넓은 면을 가로로 건너지른 거리(길이)를 뜻하는 말이고, '넓이'란 어떤 평면 공간이나 범위의 크기를 뜻하는 말이에요.

맞는 말에 ○표 하세요.

① 강의 [너비 | 넓이] 가 매우 좁아서 건너기가 쉬웠다.

② 운동장 [너비 | 넓이] 가 넓어서 신나게 뛰어놀 수 있었다.

넘어  너머

쓱-쓱 맞춤법 길잡이

'넘어'는 정해진 범위를 벗어나서 지나가는 것을 뜻하는데요, '넘다', '넘고', '넘어', '넘으면' 등으로 변화되며 쓰여요. '너머'는 산이나 고개 같은 높은 곳의 저쪽이나 다른 공간을 뜻하는 말이에요.

아!
이 담벼락 때문에 길을 빙 돌아서 가야 되네? 그러면 지각할 것 같은데….

형! 우리 그냥 이 담을 너머 가자! 형부터 너머! 얼른! 얼른!

알았어!

폴짝

아! 그런데 뚜야! 담을 넘어서 가는 거니까 '담을 넘어 가자.'라고 말해야 돼.

아, 알겠어…. 빨리 넘기나 해!

삐질삐질

미안.

폴짝

맞는 말에 ○표 하세요.

① 우주 [넘어 | 너머] 에는 무엇이 있을까?

② 힘들게 산을 [넘어 | 너머] 고향에 왔다.

늘이다 VS 늘리다

'늘이다'는 길이를 늘어나게 하는 것을 뜻하는 말이고,
'늘리다'는 크게 하거나 많게 하는 것을 뜻하는 말이에요.

맞는 말에 ○표 하세요.

❶ 고무줄을 양쪽에서 잡아당기며 길게 [늘이는 | 늘리는] 놀이를 했다.

❷ 교장 선생님께서 우리 학교 교실 수를 [늘이겠다고 | 늘리겠다고] 하셨다.

다르다  틀리다

'다르다'는 비교가 되는 두 대상이 서로 같지 않다는 것을 뜻하는 말이고, '틀리다'는 계산이나 사실이 맞지 않거나 어긋난 것을 뜻하는 말이에요.

맞는 말에 ○표 하세요.

❶ 내 짝꿍과 나는 성격이 너무 [다르다 | 틀리다].

❷ 다시 계산해 보니 내가 쓴 답이 [달랐다 | 틀렸다].

다리다 VS 달이다

'다리다'는 옷이나 천 등의 주름이나 구김을 펴는 것을 뜻하는 말이고, '달이다'는 한약 만들 때 처럼 약이나 음식을 끓여서 진하게 만드는 것을 뜻하는 말이에요.

하아…, 주름이 또 늘었네….

어머니! 제가 주름을 없애는 나무 뿌리를 찾았어요!

어머! 정말이니?

네! 조금만 기다려 주세요. 금방 다려드릴게요.

고맙다! 그런데 '다려'가 아니라 '달여'라고 해야 한단다.

아, 그렇구나! 알겠어요! 빨리 달여드릴게요.

3시간 후

어머니! 다 됐어요! 한번 드셔 보세요!

맞는 말에 ○표 하세요.

❶ 엄마가 다리미로 옷을 [다리자 | 달이자] 주름이 금방 펴졌다.

❷ 부엌에서 간장을 [다리는 | 달이는] 냄새가 풍겨 왔다.

013 닫히다 vs 다치다

'닫히다'는 열려 있던 것들이 막히게 되는 것을 뜻하는 말이고, '다치다'는 부딪치거나 맞아서 몸에 상처가 생긴 것을 뜻하는 말이에요.

어? 여진아, 다리가 왜 그래?
아~ 여진 언니가 차에서 내리려고 하는데 갑자기 문이 다쳐서 발을 닫혔대!

아, 그랬구나! 아팠겠다….
응.

그런데 랄라야, 너 지금 반대로 말했어.
응? 뭐가?

문이 '닫혀서' 발을 '다쳤어'라고 해야 돼.
아, 그래? 알았어.

맞는 말에 ○표 하세요.

❶ 버스 문이 갑자기 [닫혔다 | 다쳤다].

❷ 뛰다가 넘어져서 무릎을 [닫혔다 | 다쳤다].

닿다 vs 닫다

'닿다'는 어떤 두 물체가 서로 맞붙어서 사이에 빈틈이 없게 된 것을 뜻하는 말이고, '닫다'는 열린 문짝, 뚜껑, 서랍 따위를 도로 제자리로 가게 하여 막는 것을 뜻하는 말이에요. .

맞는 말에 ○표 하세요.

❶ 배가 무인도에 [닿으면 | 닫으면] 절 좀 깨워 주세요.

❷ 실수로 병 뚜껑을 [닿고 | 닫고] 사이다를 따르려고 했다.

-대 vs -테

'-대'는 남이 말한 내용을 다른 사람에게 전달할 때 쓰이는 말로 '-다고 해'가 줄어든 말이고, '-데'는 말하는 사람이 직접 경험한 일을 말할 때 쓰이는 말로 '-더라'와 같은 뜻이에요.

맞는 말에 ○표 하세요.

❶ 열이 나는 거 보니까 어디가 아픈 것 [같은데 | 같은대] ?

❷ 언니는 배탈이 나서 오늘 모임에 [못 온대 | 못 온데] .

돼 VS 되

'돼'는 '되어'가 줄어든 말로 문장의 끝에 단독으로 올 수 있고, '되'는 문장의 끝에 올 수 없고 단독으로 사용할 수 없다는 것을 기억하면 구분하기 쉬워요.

맞는 말에 ○표 하세요.

❶ 시험 시간에 옆을 돌아보면 안 [돼 | 되].

❷ 나는 커서 작가가 [돼고 | 되고] 싶다.

두껍다 VS 두텁다

'두껍다'는 두께가 보통 보다 큰 것을 뜻하는 말이고,
'두텁다'는 믿음이나 관계 등이 튼튼하고 깊다는 뜻의 말이에요.
눈에 보이는 것이면 '두껍다'를, 보이지 않는 것이면 '두텁다'를 쓰면 돼요.

> 랄라야, 무서워? 무서우면 안 봐도 돼.

> 응, 무서운 건 싫은데 영화는 보고 싶어. 무서운 장면이 나오면 오빠 손 잡아도 되지?

> 그럼, 되지!

크아아아아!

> 으악!

> 랄라야, 그 장면 지나갔어. 이제 괜찮아.

휴~

> 고마워. 그런데 오빠 손이 왜 이렇게 두터워?

덥썩!

맞는 말에 ○표 하세요.

❶ 귤껍질이 매우 [두껍다 | 두텁다] .

❷ 우리 삼 형제는 우애가 꽤 [두꺼운 | 두터운] 편이다.

-든지 vs -던지

'-든지'는 둘 중 어떤 것을 선택할 수 있다는 것을 나타낼 때 쓰이는 말이고, '-던지'는 '얼마나 좋았던지'처럼 과거에 대해 말할 때 쓰이는 말이에요.

'-든지'는 선택, '-던지'는 과거라는 것을 기억하면 쉬워요.

야호! 드디어 오늘 로은이 언니랑 영화 보러 간다. 예!

아, 그런데 숙제가 이만큼 남았어. 이걸 먼저 끝내야 영화를 볼 수 있어…. 힝~

그래도 영화 볼 생각을 하니까 정말 좋다!

숙제만 없으면 정말 최고인데…. 숙제는 정말 싫어!

아, 영화는 좋아!

랄라야, 좋던지 싫던지 하나만 해라.

맞는 말에 ○표 하세요.

❶ 밥 여기 있으니까 [먹든지 말든지 | 먹던지 말던지] 너 마음대로 해!

❷ 엄마한테 혼날 때 얼마나 [속상하던지 | 속상하든지].

들리다 VS 들르다

'들리다'는 사람이나 동물의 귀를 통해 소리가 알아차려지다라는 뜻의 말이고, '들르다'는 지나가는 길에 잠깐 들어가 머무르다라는 뜻의 말이에요.

맞는 말에 ○표 하세요.

❶ 집에 가는 길에 동생이 놀이터에 [들리자고 | 들르자고] 엄마를 졸랐다.

❷ 언덕 위에 오르면 늘 새소리가 [들린다 | 들른다].

띠다 vs 띄다

'띠다'는 빛깔이나 색깔을 가지고 있다는 뜻인데, 감정이나 기운도 '띠다'라고 표현할 수 있어요. 주로 가지고 있다는 의미로 사용되지요.

'띄다'는 '뜨이다'의 줄임말로, 눈에 보인다는 뜻의 말이에요.

맞는 말에 ○표 하세요.

❶ 연한 갈색을 [띠고 | 띄고] 있는 그 아이의 눈동자는 아름다웠다.

❷ 아빠의 파란 모자가 멀리서도 눈에 [띠었다 | 띄었다].

-로서 vs -로써

'-로서'는 '자녀로서'처럼 자격이나 지위 뒤에 붙여 사용하는 말이고, '-로써'는 '법으로써'처럼 수단과 방법, 재료 등의 뒤에 붙여서 사용하는 말이에요.

맞는 말에 ○표 하세요.

❶ 이번 일은 친구 [로서 | 로써] 마땅히 해야 할 일이었다.

❷ 좋은 성적을 받음 [으로서 | 으로써] 잘못을 돌이킬 수 있었다.

막다 VS 맑다

'막다'는 길이나 강물 등의 통로가 통하지 못하게 한다는 뜻의 말이고, '맑다'는 더러운 것이 섞이지 않은 깨끗한 상태를 뜻하는 말이에요.

맞는 말에 ○표 하세요.

❶ 우리 엄마의 목소리는 정말 곱고 [막다 | 맑다].

❷ 밖에서 갑자기 큰소리가 나서 나도 모르게 귀를 [막았다 | 맑았다].

맞히다 VS 맞추다

'맞히다'는 문제에 대한 답을 틀리지 않게 했다는 것을 뜻하는 말로 적중하다라는 뜻을 담고 있고, '맞추다'는 서로 떨어져 있는 부분을 제자리에 맞게 대어 붙이는 것을 뜻하는 말이에요.

맞는 말에 ○표 하세요.

❶ 내가 낸 퀴즈를 오빠가 [맞혔다 | 맞췄다].

❷ 레고 조각을 [맞혀 | 맞춰] 로봇을 완성하였다.

매다 VS 메다

'매다'는 끈이나 줄의 양 끝을 잡아당겨서 풀어지지 않게 마디를 만드는 것을 뜻하는 말이고,
'메다'는 사람이 어깨에 물건을 올리거나 걸치는 것을 뜻하는 말이에요.

맞는 말에 ○표 하세요.

❶ 아빠는 마당에 있는 나무에 줄을 [메어 | 매어] 그네를 만들어 주셨다.

❷ 언니와 나는 배낭 하나씩을 [메고 | 매고] 여행길에 올랐다.

문안하다  무난하다

'문안하다'는 웃어른께 안부를 여쭙는 것을 뜻하는 말이고, '무난하다'는 특별한 것이 없거나 별로 어려움이 없다는 것을 뜻하는 말이에요.

오라버니들, 그동안 잘 지내셨지요?

그래. 여행은 잘 다녀왔느냐?

네. 오라버니들 덕분에 잘 다녀왔습니다.

어머니 아버님께 무난 인사는 드렸겠지?

에헴!

참!

형님! 웃어른께 안부를 여쭐 때는 '문안' 인사라고 하셔야지요! '무난'은 별로 어려움이 없다는 뜻 아니옵니까?

내 다 알고 있는데 잠깐 실수를 했느니라.

^^

부모님께 문안 인사는 드렸으니 걱정하지 마세요.

오라버니들께 물어볼 게 있어요.

맞는 말에 ○표 하세요.

① 아버지는 먼저 할머니께 [문안하고 | 무난하고] 방으로 들어가셨다.

② 나는 친구들과 잘 지낼 정도로 성격이 [문안하다 | 무난하다].

바치다 vs 받치다

'바치다'는 신이나 웃어른에게 정중하게 드리는 것, 또는 무엇을 아낌없이 내놓거나 쓰는 것을 뜻하는 말이고, '받치다'는 물건의 밑이나 옆에 다른 물건을 대는 것을 뜻하는 말이에요.

맞는 말에 O표 하세요.

❶ 할아버지는 과학 연구에 평생을 [바치셨다 | 받치셨다].

❷ 언니는 물컵을 쟁반에 [바치고 | 받치고] 조심조심 걸었다.

반드시 vs 반듯이

'반드시'는 틀림없이 꼭, 어김없이 꼭을 뜻하는 말이고, '반듯이'는 모습이나 생김새가 비뚤어지거나 기울어지지 않고 바르게 된 것을 뜻하는 말이에요.

맞는 말에 ○표 하세요.

❶ 부자라고 해서 | 반드시 | 반듯이 | 행복한 것은 아니다.

❷ 의사 선생님이 머리를 바닥에 대고 | 반드시 | 반듯이 | 누우라고 하셨다.

벌이다 VS 벌리다

'벌이다'는 어떤 일을 계획하여 시작하거나 물건을 펼쳐 놓는다는 것을 뜻하는 말이고, '벌리다'는 가까이 있는 둘 사이를 떼어서 멀게 하는 것을 뜻하는 말이에요.

풍선 간격을 좀 더 벌여 봐!

혀니야, 간격은 '벌려 봐!'라고 해야지. '벌이다'는 일을 시작하거나 펼쳐 놓을 때 쓰는 말이잖아.

아, 알겠어.

어?

형, 왜 벌써 왔어?

도서관이 닫혔어!

아…

아직 들어오면 안 되는 건데….

이게 다 뭐야? 너희들 나 몰래 무슨 일을 벌이는 거야?

맞는 말에 ○표 하세요.

❶ 오빠들은 툭하면 말싸움을 [벌인다 | 벌린다].

❷ 체육 시간에 한 줄로 서서 양팔을 옆으로 [벌였다 | 벌렸다].

029 배다 VS 베다

'배다'는 스며들거나 스며 나온다, 또는 냄새가 스며들어 오래 남아 있다는 뜻의 말이고, '베다'는 칼 처럼 날카로운 연장으로 무엇을 끊거나 자른다는 뜻의 말이에요.

맞는 말에 ◯표 하세요.

❶ 음식점에 갔다가 옷에 고기 냄새가 잔뜩 [베었다 | 배었다] .

❷ 나무꾼이 나무를 [베다 | 배다] 손을 다쳤다.

030 봉우리 vs 봉오리

'봉우리'는 '산봉우리'의 줄임말로 산에서 뾰족하게 높이 솟아 있는 부분을 뜻하는 말이고, '봉오리'는 '꽃봉오리'의 줄임말로 망울만 맺히고 아직 피지 아니한 꽃을 뜻하는 말이에요.

맞는 말에 ○표 하세요.

❶ 아빠와 함께 우리 동네 산에서 제일 높은 [봉우리 | 봉오리] 에 올랐다.

❷ 꽃은 아직 피지 않았고 [봉우리 | 봉오리] 만 맺혀 있었다.

붓다  붇다

'붓다'는 액체나 가루 따위를 다른 곳에 옮겨 담는 것, 또는 병으로 몸이나 피부가 부풀어 오르는 것을 뜻하는 말이고, '붇다'는 물에 젖어서 부피가 커지는 것을 뜻하는 말이에요.

맞는 말에 ○표 하세요.

❶ 독이 있는 풀을 만지면 심하게 손이 | 붓는다고 | 붙는다고 | 한다.

❷ 라면이 | 붓기 | 붙기 | 전에 얼른 먹어라.

붙이다 vs 부치다

'붙이다'는 맞닿아 떨어지지 않게 한다는 뜻의 말이고, '부치다'는 편지나 물건 등을 택배나 우편으로 다른 상대에게로 보낸다는 뜻의 말이에요.

맞는 말에 ○표 하세요.

❶ 친구에게 생일 초대 카드를 [붙였다 | 부쳤다].

❷ 편지 봉투에 우표 [붙이는 | 부치는] 걸 깜빡했다.

비추다 vs 비치다

'비추다'는 다른 대상에게 빛을 보내어 밝게 한다거나 어떤 물체에 모습이 나타나게 하는 것을 뜻하는 말이고, '비치다'는 빛이 나서 밝게 되거나, 빛을 받아 모양이 나타나 보인다는 뜻의 말이에요.

맞는 말에 O표 하세요.

❶ 지하실 계단에 손전등을 [비추니 | 비치니] 고양이 모습이 드러났다.

❷ 구름 사이로 햇빛이 [비추자 | 비치자] 순식간에 어둠은 사라졌다.

빗다 VS 빚다

'빗다'는 빗 따위로 머리털을 가지런히 쓸어내리는 것을 뜻하고, '빚다'는 곡식 가루나 흙을 반죽하여 음식이나 물체를 만드는 것을 뜻하는 말이에요.

맞는 말에 ○표 하세요.

❶ 아무리 ┃ 빗어도 ┃ 빚어도 ┃ 엉킨 머리카락은 풀리지 않았다.

❷ 추석 때 우리 가족은 다 함께 송편을 ┃ 빗었다 ┃ 빚었다 ┃.

섞다  썩다

'섞다'는 두 가지 이상의 것을 한데 합친다는 뜻의 말이고,
'썩다'는 음식물 등이 균이나 곰팡이에 의해 나빠지거나 상하게
되는 것을 뜻하는 말이에요.

아, 배고파…. 엄마 안 계시지?

응. 외출하셨어.

뭐 먹을 거 없나?

뒤적 뒤적

어? 이게 뭐지?

먼데?

흔들어서 먹으래! 형이 잘 썩어 줘.

잘 흔들어 드세요

맞는 말에 ○표 하세요.

❶ 냉장고에 넣어 두지 않았더니 고기가 | 섞었다 | 썩었다 | .

❷ 쌀과 보리쌀을 | 섞어서 | 썩어서 | 잡곡밥을 지었다.

어떻게 vs 어떡해

'어떻게'는 '어떻다'에서 온 말로 어떤 모양이나 어떤 이유로라는 뜻의 말이고, '어떡해'는 '어떻게 해'가 줄어서 된 말이에요.
'어떻게'는 문장 중간에 쓰이고, '어떡해'는 문장 끝에 쓰여요.

맞는 말에 ○표 하세요.

❶ 조선 시대 사람들은 컴퓨터 없이 [어떻게 | 어떡해] 살았을까?

❷ 어제 잠을 못 잤는데 오늘 시험을 망치면 [어떻게 | 어떡해]!

연애 vs 연예

'연애'는 서로 좋아하여 사귀는 걸 뜻하는 말이고, '연예'는 많은 사람들 앞에서 음악, 무용, 쇼 등을 공연하는 것을 뜻하는 말이에요.

오빠, 엄마 아빠가 싸우신 것 같아. 어떡하지?

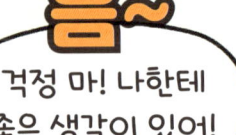

음~
걱정 마! 나한테 좋은 생각이 있어!

엄마! 아빠!
옛날에 두 분 연예할 때 얘기 좀 해 주세요.

'연예'가 아니라 '연애'라고 해야지! '연예'는 연예인들이 공연 같은 걸 하는 거잖아.

아, 맞다! 헤헤…, 알겠어요. 두 분 연애할 때 얘기해 주세요.

맞는 말에 ○표 하세요.

❶ 할머니는 [연애 | 연예] 를 한 번도 못 해 보시고 할아버지와 결혼하셨다.

❷ 언니는 [연애 | 연예] 활동을 하고 싶어 하는데 아버지가 반대하신다.

-예요 vs -이에요

'-예요'와 '-이에요'를 가장 쉽게 구분지어 사용하는 방법이 있어요. 앞 단어 끝에 받침이 없으면 '-예요'를 쓰고, 받침이 있으면 '-이에요'를 쓰면 된답니다.

맞는 말에 ○표 하세요.

❶ 우리 언니는 전교 회장 [예요 | 이에요].

❷ 이 친구가 제가 말했던 바로 그 친구 [예요 | 이에요].

이따가 VS 있다가

'이따가'는 '조금 지난 후에'라는 뜻으로 시간의 흐름에 사용하는 말이고, '있다가'는 '있다'에서 나온 말로 어떤 장소에서 머물다가라는 뜻으로 사용하는 말이에요.

오빠! 엄마가 밥 먹으래.

알겠어. 있다가 먹을게.

오빠!

잠시 후에를 뜻할 때는 '이따가'라고 해야지. 나한테 오빠가 알려준 거잖아.

아, 맞다! 알겠어. 이따가 먹을게.

안 돼. 엄마가 국 식는다고 당장 내려오라고 하셨어.

아, 그래? 그러면, 딱 10초만 더 있다가 가자….

왜?

맞는 말에 ○표 하세요.

❶ 집에 빨리 돌아가고 싶었는데 친구가 좀 더 [이따가 | 있다가] 가자고 했다.

❷ 언니가 귓속말로 [이따가 | 있다가] 단둘이 만나서 다시 얘기하자고 했다.

잊어버리다 vs 잃어버리다

'잊어버리다'는 알고 있던 것을 기억해 내지 못하는 것을 뜻하는 말이고, '잃어버리다'는 가지고 있던 물건이 없어져서 그것을 갖지 않게 된 것을 뜻하는 말이에요.

잘 찾아봐!

다 찾아봤는데도 없어. ㅠ..ㅠ 아무래도 잊어버렸나 봐!

없어진 건 '잃어버렸다'라고 해야지. '잊어버린' 건 기억해 내지 못하는 걸 뜻하잖아!

그래. 근데 지금 그게 중요한 게 아니잖아!

하긴…. 형, 그 지갑 선물받고 엄청 좋아했었는데….

엉엉, 신이시여! 돈은 없어져도 되는데 지갑은 꼭 찾게 해 주세요.

나가서 마당도 한번 살펴보자!

응….

맞는 말에 ○표 하세요.

❶ 할아버지와 했던 중요한 약속을 깜박하고 [잊어버렸다 | 잃어버렸다].

❷ 돈을 [잊어버려서 | 잃어버려서] 집으로 돌아갈 차비가 없었다.

작다 vs 적다

'작다'는 물건의 길이, 넓이, 크기 등이 비교 대상에 비해 보통보다 덜하다는 뜻이고, '적다'는 물건의 수효, 분량, 정도가 일정한 기준 보다 못하다는 뜻이에요. '작다'의 반대말은 '크다'이고, '적다'의 반대말은 '많다'예요.

혀니야, 준비 다했니?

아니, 아직이요.

나갈 시간 거의 다 됐는데?

옷을 못 고르겠어요. 옷이 너무 적어요.

아이고, 그 옷은 정말 안 되겠다.

그런데 혀니야, 이럴 땐 '적다'가 아니라, '작다'라고 해야지. 적은 건 분량이나 수효가 일정한 기준보다 못할 때 쓰는 말이잖아.

저도 알아요. 그런데….

웽~

제 옷 서랍을 한번 보세요.

맞는 말에 ○표 하세요.

❶ 작년보다 내 발이 커져서 운동화가 [작아졌다 | 적어졌다].

❷ 오늘은 공원에 사람이 [작아서 | 적어서] 조용하다.

-쟁이 vs -장이

'-쟁이'는 '개구쟁이'나 '떼쟁이'처럼 나쁜 버릇이나 독특한 습관을 가진 사람 뒤에 붙는 말이고, '-장이'는 '옹기장이'나 '양복장이'처럼 어떤 분야와 관련된 기술을 가진 사람을 뜻하는 말이에요.

맞는 말에 ○표 하세요.

① 나는 친구들과 만날 때면 [수다쟁이 | 수다장이] 가 된다.

② 간판을 만드는 사람을 [간판쟁이 | 간판장이] 라고 한다.

저리다 VS 절이다

'저리다'는 몸의 일부가 오래 눌려서 피가 잘 통하지 못해 감각이 둔해지고 아픈 것을 뜻하는 말이고, '절이다'는 생선이나 나물 등을 소금이나 식초, 설탕 따위에 담가 간이 배어들게 한다는 뜻의 말이에요.

맞는 말에 ○표 하세요.

❶ 엄마는 고등어를 소금에 [저리고 | 절이고] 계셨다.

❷ 할머니는 비가 오는 날이면 손발이 [저린다고 | 절인다고] 하신다.

조리다 VS 졸이다

'조리다'는 음식의 국물을 바짝 끓여서 양념이 배어들게 한다는 뜻의 말이고, '졸이다'는 증발시켜 국물의 분량을 적어지게 한다는 뜻의 말이에요. 조바심이나 초조함으로 애태우는 것을 가리킬 때도 '졸이다'를 써요.

맞는 말에 ○표 하세요.

❶ 오늘 생선 조림은 제대로 [졸여서 | 조려서] 간이 딱 맞게 되었다.

❷ 성적표가 나오는 날에는 나도 모르게 마음을 [졸이게 | 조리게] 된다.

좇다 VS 쫓다

'좇다'는 뜻이나 흐름을 따르거나 목표나 행복 등을 추구하는 것을 뜻하는 말이고, '쫓다'는 어떤 대상을 잡거나 만나기 위하여 실제로 몸을 움직여 급히 뒤따라가는 것을 뜻하는 말이에요.

맞는 말에 ○표 하세요.

① 사냥꾼은 달아나는 토끼를 [좇아 | 쫓아] 산속을 달렸다.

② 오빠는 아버지의 뜻을 [좇아 | 쫓아] 의사가 되기로 결심했다.

046 주의 VS 주위

'주의'는 마음에 새겨 두고 조심한다는 뜻의 말이고,
'주위'는 어떤 곳의 바깥 둘레, 또는 어떤 사물이나 사람을 둘러싸고 있는 것을 뜻하는 말이에요.

맞는 말에 ○표 하세요.

❶ 여행 안내지를 펼치자 수많은 [주의 | 주위] 사항이 눈에 띄었다.

❷ 미영이는 [주의 | 주위]에 챙겨 줄 사람이 아무도 없어서 외로웠다고 한다.

지그시 vs 지긋이

'지그시'는 힘을 가볍게 또는 슬며시 들이는 모양이나 조용히 참고 견디는 모양을 뜻하는 말이고,

'지긋이'는 나이가 비교적 많아 듬직하다는 뜻의 말이에요.

맞는 말에 ○표 하세요.

❶ 손가락으로 아픈 곳을 [지그시 | 지긋이] 눌러 보세요.

❷ 그 영감님은 나이가 [지그시 | 지긋이] 들어 보이셨다.

찧다 vs 찢다

'찧다'는 곡식 따위를 잘게 만들려고 절구에 담아 공이로 내리치는 것을 뜻하는 말이고,

'찢다'는 종이나 천 등을 잡아당기어 갈라지게 한다는 뜻의 말이에요.

맞는 말에 ○표 하세요.

❶ 옆집에서 떡방아 | 찧는 | 찢는 | 소리가 들려왔다.

❷ 언니는 장난 편지를 읽다가 화가 나서 발기발기 | 찧었다 | 찢었다 |.

049 체 VS 채

'체'는 그럴듯하게 꾸미는 거짓 태도나 모양으로 '척'과 같은 뜻의 말이고, '채'는 이미 있는 상태를 그대로 유지하고 있다는 뜻의 말이에요.

맞는 말에 ○표 하세요.

① 나는 화가 나서 민수를 모르는 | 채 | 체 | 했다.

② 실수로 옷을 입은 | 채 | 체 | 로 수영장에 들어갔다.

출연 VS 출현

'출연'은 영화나 연극, 방송 등에 연기하거나 연주 등을 하기 위해 나오는 것을 뜻하는 말이고, '출현'은 지금까지 없었거나 보이지 않던 것이 모습을 나타낸다는 뜻의 말이에요.

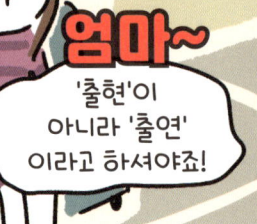

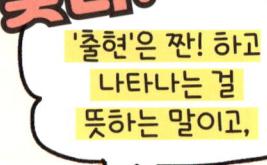

051

가려고 ⭕

갈려고 ❌

'가려고'는 받침이 없는 '가다'와 어떤 일을 할 생각이 있음을 나타내는 '-려고'를 합친 말로, '가려고'라고 써야 맞는 표현이에요.

'만들다'처럼 받침이 있는 말에 '-려고'가 합쳐지면 '만들려고'로 써야 해요.

어? 민준아! 너 왜 내 생일 파티에 안 왔어?

아…, 갈려고 했는데 못 갔어.

'갈려고'가 아니라 '가려고'가 맞는 표현이야.

아, 그래? 어쨌든 못 가서 미안하다.

왜 못 온 건데? 바빴어?

실은….

생일 선물을 못 사서 못 갔어….

맞는 말에 ○표 하세요.

❶ 친구네 집에서 놀다가 학원에 | 가려고 | 갈려고 | 5시에 나왔다.

❷ 문구점에 | 갈려고 | 가려고 | 했는데 길을 잃어버렸다.

양이 보통보다 두 배 많은 것을 '곱빼기'라고 해요.
찌개 따위를 담는 그릇을 '뚝배기'라고 해서 헷갈리기 쉽지만
'곱빼기'가 맞는 표현이에요.

맞는 말에 ○표 하세요.

❶ 나는 짜장면 [곱빼기 | 곱배기] 를 주문하면 항상 남기게 된다.

❷ 중국집에 오면 오빠는 항상 짬뽕 [곱배기 | 곱빼기] 를 시켜 먹는다.

금세 ⭕ 금새 ❌

'금세'는 아주 짧은 시간을 뜻하는 말이에요.
'지금 바로'라는 뜻의 '금시에'가 줄어든 말로,
'금세'가 맞는 표현이에요.

엄마, '금새'가 아니라 '금세'잖아요.

아, 그래. '금시에'를 줄여서 '금세'였지!

맞는 말에 ○표 하세요.

❶ 할머니가 사 오신 간식들이 눈 깜짝할 사이 | 금세 | 금새 | 사라졌다.

❷ 엄마가 자장가를 불러 주자 아이는 | 금새 | 금세 | 잠이 들었다.

꼼꼼히 ⭕ / 꼼꼼이 ❌

'꼼꼼히'는 빈틈이 없이 차분하고 조심스러운 모양을 뜻하는 말이에요. '꼼꼼'에 '-하다'를 붙여 '꼼꼼하다'가 되므로 '꼼꼼히'가 맞는 표현이에요.

맞는 말에 ○표 하세요.

❶ 선생님은 이번 학기 수업 계획을 [꼼꼼히 | 꼼꼼이] 작성하셨다.

❷ 친구와 함께 여름 방학에 하고 싶은 일을 [꼼꼼이 | 꼼꼼히] 적어 보았다.

'낭떠러지'는 깎아지른 듯한 언덕이라는 뜻으로 '절벽', '벼랑'과 같은 의미로 쓰이는 말이에요. '떨어지다'라는 뜻과 연결해서 '낭떨어지'로 쓰면 안 되고, 소리 나는 그대로 '낭떠러지'로 써야 맞는 표현이에요.

맞는 말에 ○표 하세요.

❶ 오늘도 [낭떠러지 | 낭떨어지] 아래로 떨어지는 꿈을 꿨다.

❷ 우리 집 뒷산에는 [낭떨어지 | 낭떠러지] 가 있어서 매우 위험하다.

056

'널찍한'은 공간이 꽤 넓다라는 뜻의 '널찍하다'에서 온 말이에요.
'넓다'라는 말 때문에 '넓직한'으로 잘못 쓰기 쉽지만
'널찍한'이 맞는 표현이에요.

맞는 말에 ○표 하세요.

❶ 학교 앞에 [널찍한 | 넓직한] 공원이 새로 생겼다.

❷ 친구네 집은 마당이 [넓직해서 | 널찍해서] 시원해 보였다.

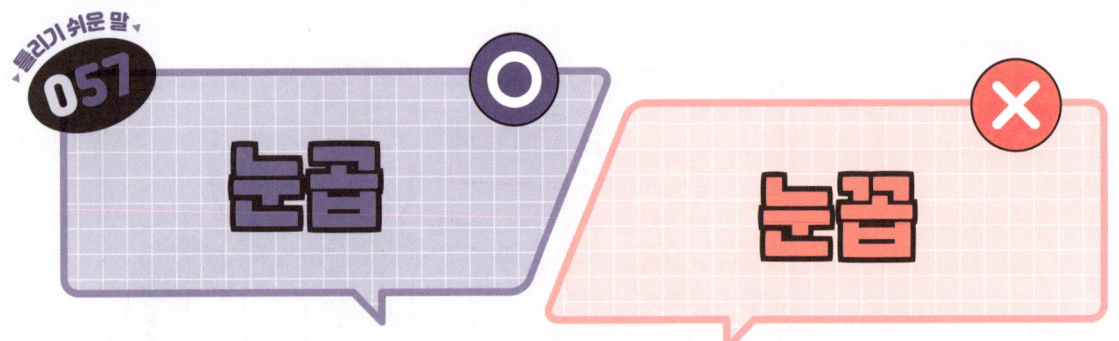

'눈곱'은 아주 적거나 작은 것을 비유적으로 이르거나, 눈에서 나오는 진득진득한 액이 말라붙은 것을 뜻하는 말로, '배꼽' 때문에 헷갈릴 수 있지만 '눈곱'이 맞는 표현이에요.

맞는 말에 ○표 하세요.

❶ [눈곱 | 눈꼽] 만큼도 미련 없다고 한 건 새빨간 거짓말이었다.

❷ 동생 눈에 [눈꼽 | 눈곱] 이 가득한 걸 보고 눈병이 난 줄 알게 되었다.

058

닦달하다 ⭕   닥달하다 ❌

맞춤법 길잡이

'닦달하다'는 남을 단단히 윽박질러서 혼을 내다라는 뜻의 말이에요. 어떤 사람이 다른 사람을 마구 몰아 대는 '닦달'에서 온 말로, '닦달하다'가 맞는 표현이에요.

맞는 말에 ○표 하세요.

❶ 오빠는 자기 연필을 빨리 내놓으라고 [닦달했다 | 닥달했다].

❷ 내가 [닥달해서 | 닦달해서] 청소를 빨리 끝낼 수 있었다.

'단언컨대'는 주저하지 아니하고 딱 잘라 말한다는 뜻의 말이에요.
'단언하건대'가 줄어든 말로, '단언컨대'가 맞는 표현이에요.

맞는 말에 ○표 하세요.

① [단언컨대 | 단언컨데] 이번 대회 일등은 바로 우리 팀이다.

② [단언컨데 | 단언컨대] 부모님은 내게 음악 유전자는 물려주지 않으셨다.

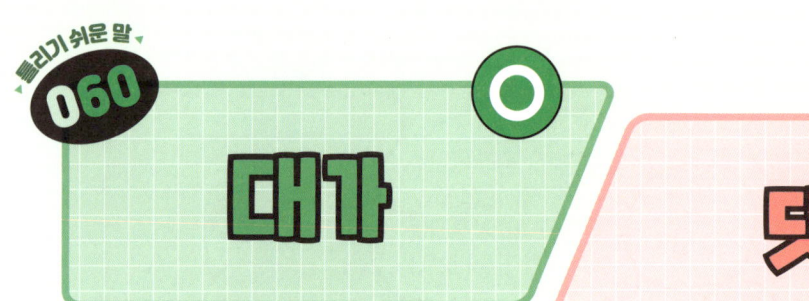 

 '대가'는 물건의 값으로 치르는 돈, 또는 어떤 일을 하고 그에 대한 값으로 받는 보수를 뜻하는 말로, 'ㅅ'이 안 들어간 '대가'가 맞는 표현이에요.

맞는 말에 ○표 하세요.

❶ 열심히 노력한 [댓가 | 대가] 로 좋은 성적을 얻었다.

❷ 누구나 목표를 이루기 위해서는 그 만큼의 [대가 | 댓가] 를 치른다.

 '뒤치다꺼리'는 뒤에서 일을 처리하고 보살펴 주거나 일이 끝난 뒤에 남은 일을 정리해 주는 것을 뜻하는 말로, '일을 치러 내는 일'을 뜻하는 '치다꺼리'에 '뒤'가 합쳐져서 된 '뒤치다꺼리'가 맞는 표현이에요.

맞는 말에 ○표 하세요.

❶ 어린 동생들 [뒤치다꺼리 | 뒤치닥거리] 가 너무 힘들다.

❷ 엄마는 내 [뒤치닥거리 | 뒤치다꺼리] 를 하시느라 늦게까지 잠을 못 이루셨다.

'드러나다'는 가려 있거나 보이지 않던 것이 보이게 된다거나 알려지지 않은 사실이 널리 밝혀진다는 뜻으로, '나타나다'라는 뜻을 갖고 있는 '드러나다'가 맞는 표현이에요.

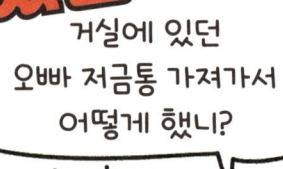

맞는 말에 ○표 하세요.

1. 구름이 걷히자 구름에 가려져 있던 산봉우리가 [드러났다 | 들어났다].
2. 범인의 자백으로 문방구 도난 사건의 전말이 모두 [들어났다 | 드러났다].

 며칠

 몇일

'며칠'은 얼마 동안의 날, 또는 그 달의 몇째 되는 날을 뜻하는 말로, 한 단어로 쓰는 '며칠'이 맞는 표현이에요. 날짜를 말할 때도 '몇 월 며칠'이라고 써야 해요.

다음 날

맞는 말에 ○표 하세요.

❶ 겨울 방학이 [며칠 | 몇일] 남았지?

❷ 오빠는 화가 나서 [몇일 | 며칠] 동안 말을 하지 않았다.

064

 무릅쓰다 ⭕

 무릎쓰다 ❌

'무릅쓰다'는 힘들고 어려운 일을 참고 견디다라는 뜻으로, '무릎'과는 관련이 없는 말이에요. '무릅쓰다'가 맞는 표현이에요.

맞는 말에 ○표 하세요.

❶ 게임에 져서 부끄러움을 [무릅쓰고 | 무릎쓰고] 엉덩이로 이름 쓰기를 했다.

❷ 난 가난과 불행을 [무릎쓰고 | 무릅쓰고] 훌륭한 사람이 된 위인들을 존경한다.

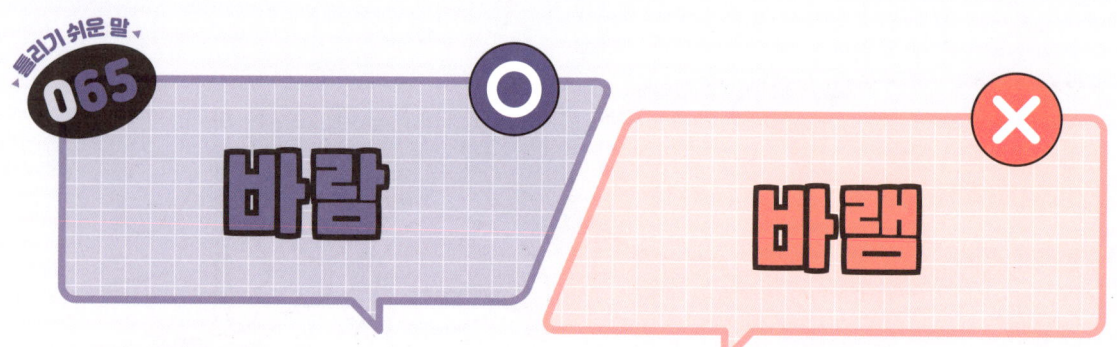

'바람'은 어떤 일이 생각한 대로 이루어지기를 기다리는 간절한 마음을 뜻하는 말이에요. 생각한대로 되기를 원한다는 뜻의 '바라다'에서 온 말로, '바람'이 맞는 표현이에요.

맞는 말에 ○표 하세요.

❶ 나는 피아노 연주를 잘했으면 하는 [바람 | 바램] 이 있다.

❷ 내 간절한 [바램 | 바람] 은 크리스마스에 눈이 많이 오는 거야.

066

봬요 ⭕ / 뵈요 ❌

'봬요'는 '뵈어요'가 줄어든 말로 '봬요'가 맞는 표현이에요. '뵈' 뒤에 '-어'를 붙였을 때 '봬요', '봬야지'처럼 자연스러우면 '봬'가 올바른 표현이고, '뵐게요', '뵙겠습니다'처럼 어색하면 '뵈'가 올바른 표현이에요.

맞는 말에 ○표 하세요.

❶ 수업이 끝나고 선생님께 "내일 또 [봬요 | 뵈요]."라고 인사드렸다.

❷ 코로나 격리 기간 동안 할머니 할아버지가 너무 [뵙고 | 뵙고] 싶었다.

'붙이다'는 맞닿아 떨어지지 않게 한다라는 뜻으로, 맞닿아 떨어지지 아니하다라는 뜻의 '붙다'에서 왔어요. '붙이다'가 맞는 표현이에요.

맞는 말에 ○표 하세요.

❶ 깜빡하고 우표를 안 [붙이고 | 붙히고] 편지를 우체통에 넣었다.

❷ 나도 모르게 하루 종일 신발 바닥에 껌을 [붙히고 | 붙이고] 다녔다.

068 비로소 ⭕ / 비로서 ❌

'비로소'는 그 전까지 이루어지지 않았던 일이 어떤 시점에서 변화하기 시작한다라는 뜻으로, 무엇인가의 처음 시작이라는 뜻의 '비롯하다'와 관련이 있어요. '비로소'가 맞는 표현이에요.

맞는 말에 ○표 하세요.

❶ 무사히 도착했다는 오빠의 전화에 엄마는 | 비로소 | 비로서 | 안도하셨다.

❷ 우리는 시험 기간이 끝난 후 | 비로서 | 비로소 | 마음 편히 놀러 갈 수가 있었다.

 '빈털터리'는 재산을 다 없애고 아무것도 가진 것이 없는 가난뱅이가 된 사람이나 본래부터 아무 재산이 없는 사람을 뜻하는 말로, '빈털터리'가 맞는 표현이에요.

맞는 말에 ○표 하세요.

❶ 방탕한 생활을 하던 삼촌은 [빈털터리 | 빈털털이] 가 되어 돌아오셨다.

❷ 엄마는 아빠가 [빈털털이 | 빈털터리] 였어도 결혼하셨을 거래요.

'삼갑시다'는 몸가짐이나 언행을 조심하다라는 뜻의 '삼가다'에서 온 말로, '삼갑시다'가 맞는 표현이에요.

맞는 말에 ○표 하세요.

① 화난 사람 앞에서는 심한 말을 [삼가야 | 삼가해야] 한다.

② 버스 안에서는 음식물 섭취를 [삼가합시다 | 삼갑시다].

071 틀리기 쉬운 말

서슴지 ⭕

서슴치 ❌

쓱-싹 맞춤법 길잡이

'서슴지'는 결단을 내리지 못하고 머뭇거리며 망설인다는 뜻의 '서슴다'에서 온 말로, '않다', '말다' 등과 함께 '서슴지 않고', '서슴지 말고'로 쓰여요. '서슴지'가 맞는 표현이에요.

맞는 말에 ○표 하세요.

❶ 선생님의 질문에 민수는 [서슴지 | 서슴치] 않고 대답했다.

❷ 그 일에 대해 아는 게 있다면 [서슴치 | 서슴지] 말고 다 말해 주세요.

 '설거지'는 음식을 먹고 난 뒤의 그릇을 씻어 정리하는 일을 뜻하는 말로, 소리 나는 그대로 쓰는 '설거지'가 맞는 표현이에요.

맞는 말에 ○표 하세요.

1. 엄마는 산처럼 쌓인 [설거지 | 설겆이] 더미를 보시더니 한숨을 내쉬셨다.
2. 오빠가 [설겆이 | 설거지]를 하다가 접시를 깨뜨렸다.

 '설레다'는 마음이 가라앉지 아니하고 들떠서 두근거리다라는 뜻으로, '설렘', '설레다'가 맞는 표현이에요.

맞는 말에 ○표 하세요.

❶ 3년 만에 친구들을 만날 생각을 하니 너무나 마음이 [설렌다 | 설레인다].

❷ 선생님의 첫사랑 이야기는 우리 마음을 [설레이게 | 설레게] 했다.

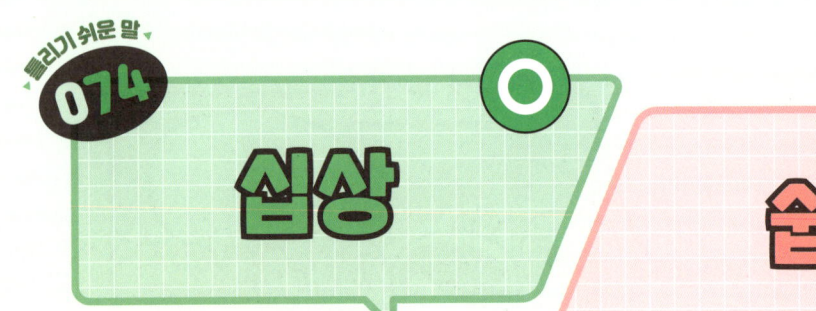

'십상'은 일이나 물건 따위가 어디에 꼭 맞거나 열에 여덟이나 아홉 정도로 거의 예외가 없을 때 쓰는 말이에요. '쉽다'라는 말 때문에 '쉽상'이라고 헷갈리기 쉽지만 '십상'이 맞는 표현이에요.

맞는 말에 ○표 하세요.

❶ 숨바꼭질할 때 문 뒤에 숨었다가는 발각되기 [십상 | 쉽상] 이다.

❷ 추운 날 아이스크림을 먹으면 감기에 걸리기 [쉽상 | 십상] 이다.

'얻다 대고'는 '어디에다 대고'가 줄어서 된 말로, 감히 향하지 말아야 할 곳이나 대상에 대해 적절하지 못한 언행을 지적할 때 쓰는 말이에요. '얻다 대고'가 맞는 표현이에요.

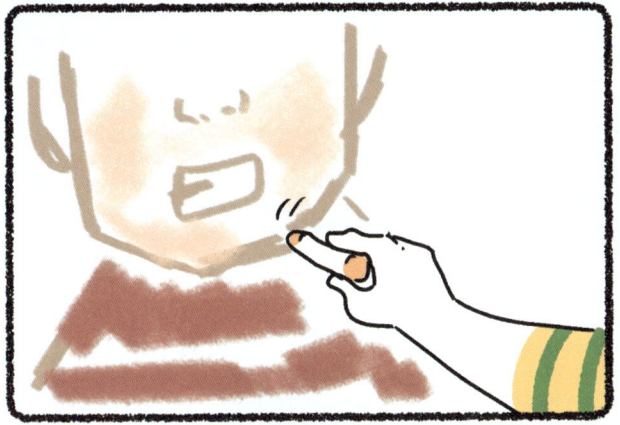

맞는 말에 ○표 하세요.

❶ 나는 [얻다 대고 | 어따 대고] 화풀이를 하는 거냐며 동생을 말렸다.

❷ 아저씨는 아이에게 [어따 대고 | 얻다 대고] 말대꾸를 하냐며 꿀밤을 때리셨다.

'어이없다'는 일이 너무 뜻밖이어서 기가 막히는 것 같다는 뜻의 말로, '어이'는 '어처구니'와 비슷한 뜻의 말로 '어처구니 없다'와 같은 뜻은 '어이없다'가 맞는 표현이에요.

맞는 말에 ○표 하세요.

❶ 꼬마의 거짓말이 하도 [어이없어서 / 어의없어서] 아무 말도 할 수가 없었다.

❷ 그는 스물셋의 젊은 나이에 [어의없게 / 어이없게] 세상을 떠났다.

 '어쭙잖다'는 아주 서투르고 어설프거나, 아주 시시하고 보잘것없게라는 뜻으로, '어쭙잖다', '어쭙잖게'로 써야 맞는 표현이에요.

맞는 말에 ○표 하세요.

❶ 제발 [어쭙잖은 | 어줍잖은] 충고 좀 하지 마.

❷ 아버지는 [어줍잖게 | 어쭙잖게] 남의 일에 끼어들지 않아야 한다고 말씀하셨다.

역할 ⭕ / 역활 ❌

'역할'은 자신에게 맡겨진 임무나 책임 또는 연극 등에서 맡게 되는 배역을 뜻하는 말로, '역할'이 맞는 표현이에요.

오빠들, 얼른 일어나!

….

오늘 손님 오시잖아. 빨리 일어나. 대청소 해야지!

부스스…

알겠어! 자! 오빠는 1층 거실 담당! 구석구석 걸레질까지! 알겠지?

끄덕 끄덕

각자 역할을 줄 테니까, 그것만 열심히 하면 돼.

랄라야, '역활'이 아니라 '역할'이라고 하는 거야.

하암~

맞는 말에 ○표 하세요.

❶ 그 분은 우리나라 음악 산업 성장에 있어서 큰 역할 | 역활 을 감당했다.

❷ 나는 우리 반 오락 부장과 미술 부장 역활 | 역할 까지 맡게 되었다.

079 틀리기 쉬운 말

오랜만에 ⭕ / 오랫만에 ❌

'오랜만에'는 어떤 일이 있을 때부터 긴 시간이 지난 뒤를 뜻하는 '오랜만'에서 온 말이에요. '오랜만'은 '오래간만'에서 '가'가 줄어들어 된 말이에요. 발음이 비슷해서 잘못 쓰기 쉽지만 '오랜만에'가 맞는 표현이에요.

'올바르다'는 말이나 생각, 행동 따위가 거짓됨이 없이 옳고 바르다는 뜻으로, '옳다'와 헷갈리기 쉽지만 '올바르다'가 맞는 표현이에요.

맞는 말에 ○표 하세요.

❶ 밥을 먹을 때는 [올바른 | 옳바른] 식사 예절을 지켜야 한다.

❷ 선생님은 학생들이 [옳바른 | 올바른] 가치관을 가질 수 있게 최선을 다하셨다.

왠지  웬지

'왠지'는 왜 그런지 모르게, 또는 뚜렷한 이유도 없이라는 뜻을 나타내는 말로, '왜인지'가 줄어든 '왠지'가 맞는 표현이에요.

맞는 말에 ○표 하세요.

❶ 부모님이 늦게 들어오시는 날이면 언니와 나는 [왠지 | 웬지] 슬퍼졌다.

❷ 소풍 가는 날, 하늘은 맑고 화창했지만 [웬지 | 왠지] 기분이 좋지는 않았다.

움츠리다 ⭕ / 움추리다 ❌

'움츠리다'는 몸이나 몸의 일부를 몹시 오그리어 작아지게 하는 것을 뜻하는 말로, '움츠리다'가 맞는 표현이에요.

추운 겨울이 되자 곰 가족은 깊은 겨울잠에 빠져들었어요!

몇 달이 지나고, 봄 향기가 느껴지는 어느 날…. 곰 가족은 잠에서 깨어났어요!

아…
따뜻해! 봄이 왔나 봐요!

그래, 봄이 왔구나! 이제 움추렸던 몸을 쫙 펴 볼까?

여보, '움츠렸던'이라고 하는 게 맞아요.

맞는 말에 ○표 하세요.

❶ 호랑이의 울음소리에 나도 모르게 몸을 [움츠렸다 | 움추렸다].

❷ 날씨가 추워서 어깨를 [움추리고 | 움츠리고] 걸었다.

 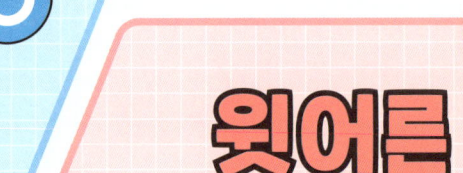

 '웃어른'은 나이나 지위, 신분 등이 자기보다 높은 어른을 뜻하는 말로, '웃어른'이 맞는 표현이에요. '아래어른'이라는 말은 없듯이 '위'와 '아래'가 대립되지 않을 때는 '웃-'을 붙여 써야 해요.

맞는 말에 ○표 하세요.

❶ 옛날부터 | 웃어른 | 윗어른 | 의 말씀은 새겨들어야 한다고 했다.

❷ 우리 언니는 | 윗어른 | 웃어른 | 께 인사를 잘한다고 늘 칭찬받는다.

084 웬만하면 ⭕ / 왠만하면 ❌

'웬만하면'은 허용되는 범위에서 크게 벗어나지 않는다면이라는 뜻으로, '웬만하면', '웬만하다'가 맞는 표현이에요. '왠'은 '왜인지'의 줄임말로 '왠지'로만 쓰입니다.

맞는 말에 ○표 하세요.

❶ [웬만하면 | 왠만하면] 언니와는 싸우고 싶지 않다.

❷ 별로 무겁지도 않은데 [왠만하면 | 웬만하면] 좀 들어 주지 그러니?

'으스대다'는 어울리지 아니하게 우쭐거리며 뽐내다라는 뜻으로, '으스대다'가 맞는 표현이에요.

형!
딱지 모아 놓은 거 나 좀 다 빌려줘!

갑자기 딱지는 왜?

아니, 민준이가 자기 집에 딱지가 엄청 많다고 으시대잖아.

'으시댄 게' 아니라 '으스댄 거'겠지!

그래! 딱지 많다고 엄청 으스댔어!

우리 딱지도 모으면 제법 많은데….

암튼 민준이는 툭하면 자기 집에 뭐가 제일 많다고 우긴다니까! 오늘 내가 코를 납작하게 해 줄 거야!

그래, 화이팅!

맞는 말에 ○표 하세요.

❶ 자기가 회장이라고 [으스대니 | 으시대니] 곁에 친구가 남아 있을 리 없었다.

❷ 형은 멋지게 공연을 마친 후 가족들 앞에서 한껏 [으시댔다 | 으스댔다].

일부러 ⭕ 일부러 ❌

'일부러'는 어떤 목적이나 생각을 가지고, 또는 알면서도 속마음을 숨기고라는 뜻의 말로, '너 일부러 그랬지?'와 같이 '일부러'가 맞는 표현이에요. '부러'도 같은 뜻으로 쓰이는 말입니다.

맞는 말에 ○표 하세요.

❶ 나는 동생이 엄마에게 꾸중을 들었다는 걸 알았지만 [일부러 | 일부로] 모른 척 했다.

❷ 오빠는 합격 소식을 직접 전하려고 [일부로 | 일부러] 한밤중에 달려왔다.

일일이 ⭕ / 일일히 ❌

'일일이'는 하나씩 하나씩, 또는 일마다 모두라는 뜻으로, '일일이'가 맞는 표현이에요.

맞는 말에 ○표 하세요.

❶ 생각해 보니 네 말에 [일일이 | 일일히] 대응하지 않고 잠자코 있는 편이 나을 것 같다.

❷ 일을 시작한 지가 언젠데 아직도 [일일히 | 일일이] 설명을 해 줘야 하는 거니?

일찍이 ⭕ / 일찌기 ❌

'일찍이'는 일정한 시간보다 이르게 또는 예전에라는 뜻의 말이에요.
'일찍'과 비슷한 뜻의 말로, '일찍이'가 맞는 표현이에요.

맞는 말에 ○표 하세요.

❶ 어머니는 [일찍이 | 일찌기] 부모님을 잃고 외롭게 살아오셨다.

❷ 아버지의 그런 슬픈 표정은 [일찌기 | 일찍이] 본 적이 없었다.

089

⭕ 잠갔다　　❌ 잠궜다

'잠갔다'는 여닫는 물건을 열지 못하도록 자물쇠를 채우거나 빗장을 걸거나 하다라는 뜻의 '잠그다'에서 온 말이에요. '금고에 돈을 넣고 잠갔다.'와 같이 '잠갔다'가 맞는 표현이에요.

꺄아!

무슨 일이야?

나도 모르겠어!

오빠! 혀니 오빠!

나를 부르는 소리에 급히 달려왔는데….

랄라가 뭔가를 금고에 넣고 문을 잠궜어.

그리곤 바로 기절해 버렸어….

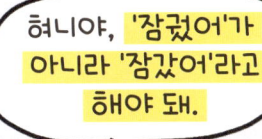

맞는 말에 ○표 하세요.

❶ 분명히 내가 잘 [잠갔는데 | 잠궜는데] 왜 문이 열려 있었을까?

❷ 시험을 망친 언니는 아무도 들어오지 말라며 방에 들어가 문을 [잠궜다 | 잠갔다].

'짜깁기'는 직물의 찢어진 곳을 원래대로 흠집 없이 짜서 깁는 일, 또는 기존의 글 등을 편집하여 하나의 완성품으로 만드는 일을 뜻하는 말로, '짜다'와 '깁다'가 합쳐져 된 '짜깁기'가 맞는 표현이에요.

맞는 말에 ○표 하세요.

❶ 엄마는 버릴 옷들을 [짜깁기 | 짜집기] 해서 가방으로 만들기도 하셨다.

❷ 알고 보니 그 소설은 여러 사람의 인터뷰를 [짜집기 | 짜깁기] 하여 쓴 것이었다.

091 찌개 ⭕ / 찌게 ❌

'찌개'는 뚝배기나 작은 냄비에 국물과 여러 채소를 넣고 갖은 양념을 하여 끓인 반찬을 말해요. '김치찌개'처럼 '찌개'라고 써야 맞는 표현이에요.

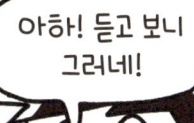

맞는 말에 ○표 하세요.

① 배가 고플 땐 [찌개 | 찌게] 반찬 하나만 있어도 밥을 두 그릇씩 먹곤 했다.

② 비가 오면 할머니가 끓여 주시던 구수한 [된장찌게 | 된장찌개] 가 그리워진다.

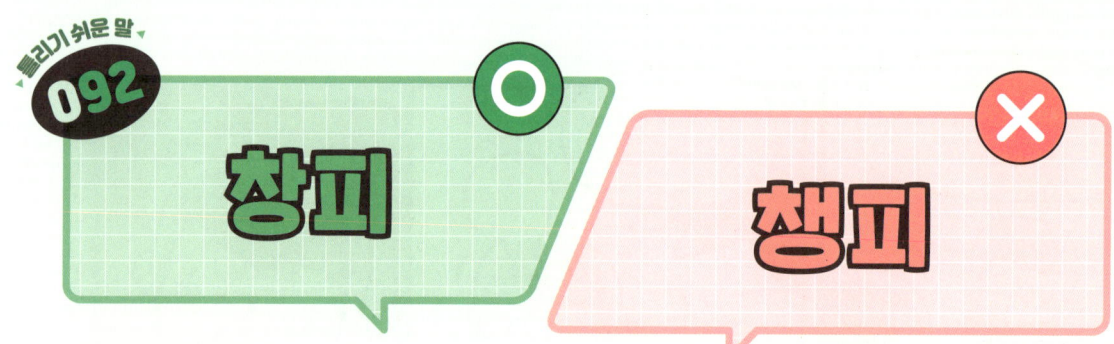

'창피'는 체면이 깎이는 일이나 아니꼬운 일을 당함. 또는 그에 대한 부끄러움을 뜻하는 말로, '창피', '창피해', '창피하다'가 맞는 말이에요.

맞는 말에 ○표 하세요.

❶ 일기장에 틀린 글자가 많아서 선생님께 너무 | 창피했다 | 챙피했다 | .

❷ 나 혼자 화냈던 내 모습이 떠올라 | 챙피함 | 창피함 | 에 고개를 들 수가 없었다.

093

치르다 ⭕

치루다 ❌

맞춤법 길잡이

'치르다'는 무슨 일을 겪어 내다, 또는 주어야 할 돈을 내주다라는 뜻으로, '치르다', '치르고', '치러', '치렀다'가 맞는 표현이에요.

맞는 말에 ○표 하세요.

❶ 다음 주에 있을 시험을 [치루고 | 치르고] 나면 정말 홀가분할 것 같다.

❷ 막내 동생의 돌잔치를 [치루고 | 치르고] 나자 부모님은 몸살이 나셨다.

197

'켜다'는 불을 붙이거나 전기 제품을 작동하게 한다는 뜻의 말로, '형광등을 켜다'와 같이 '켜다'가 맞는 표현이에요.

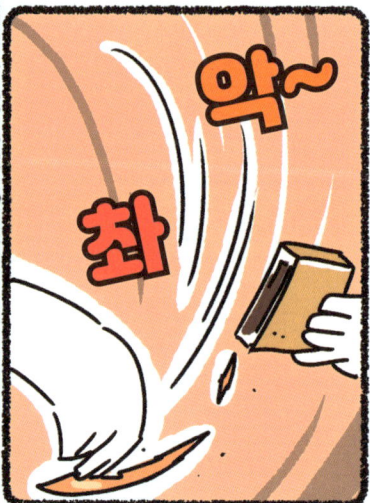

맞는 말에 ○표 하세요.

❶ 어젯밤에 전기가 나가서 촛불을 [켜고 | 키고] 있었다.

❷ 텔레비젼을 [키고 | 켜고] 오디오까지 틀어서 너무나 시끄러웠다.

정답 ❶ 켜고 ❷ 켜고

095 통째로 (O) / 통채로 (X)

'통째로'는 '통째'에서 온 말로, 나누지 않은 덩어리 전체 그대로를 뜻하는 말이에요. '-째'는 '그대로 또는 전부'라는 뜻을 갖고 있어요. '통째', '통째로'가 맞는 표현이에요.

어? 어디 갔지?

두리번 두리번

얘들아! 아빠 방에 있던 종이 상자 못 봤니?

어? 그거 엄마가 치우셨어요.

엄마가?

여보!!

내 방에 있던 종이 상자, 당신이 치웠어?

응!

후다닥!

맞는 말에 ○표 하세요.

❶ 뱀이 아기 토끼 한 마리를 [통째로 | 통채로] 삼켰다.

❷ 거센 태풍에 나무가 [통채로 | 통째로] 뽑혔다.

'틈틈이'는 틈이 난 곳마다, 또는 겨를이 있을 때마다라는 뜻으로 '틈틈이'가 맞는 표현이에요. '틈틈', '간간', '일일'처럼 반복되는 말 뒤에는 대체로 '-이'가 붙어요.

맞는 말에 ○표 하세요.

❶ 전교 1등의 비결은 [틈틈이 | 틈틈히] 독서를 한 것이라고 했다.

❷ 엄마는 시간이 날 때마다 [틈틈히 | 틈틈이] 원고 작업을 하셨다.

'폐품'은 못 쓰게 되어 버린 물품을 뜻하는 말로,
'오늘은 폐품 수집을 하는 날이다.'와 같이
'폐품'이 맞는 표현이에요.

맞는 말에 ○표 하세요.

❶ 아파트 입구 옆에 [폐품 | 페품] 을 따로 모아두는 곳이 있다.

❷ 할아버지께서는 [페품 | 폐품] 을 재활용하여 새로운 물건을 만드신다.

'핼쑥하다'는 얼굴에 생기가 없이 창백하다라는 뜻의 말로, '핼쑥하다', '핼쑥해'가 맞는 표현이에요.

맞는 말에 ○표 하세요.

❶ 아픈 동생의 [핼쑥해진 | 핼쓱해진] 얼굴을 보자 나도 모르게 눈물이 흘렀다.

❷ 성적표에 충격을 받은 언니는 하루 사이에 몰라보게 [핼쓱해졌다 | 핼쑥해졌다].

 '헷갈리다'는 정신 또는 마음이 혼란스럽게 됨을 뜻하는 말로, '헷갈리다', '헷갈려', '헷갈렸다'가 맞는 표현이에요.

맞는 말에 ○표 하세요.

❶ 과학 시험에서 두 문제나 [헷갈리는 | 햇갈리는] 바람에 1등을 놓치게 됐다.

❷ 새 동네로 이사한 후 집에 돌아갈 때마다 길이 너무 [햇갈린다 | 헷갈린다].

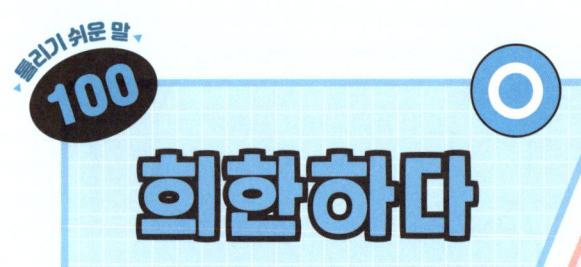

희한하다 ⭕ / 희안하다 ❌

'희한하다'는 아주 드문 일이어서 신기하거나 이상하다라는 뜻의 말로, '희한하다', '희한한', '희한하게'가 맞는 표현이에요.

예쓰~!
스트라이크!
봤지? 내 실력!
오늘 좀 잘 나오네?
그러게…. 평소보다 훨씬 잘되는 것 같은데?

원래 내 실력이라니까!

그런데 자세는 좀 바꾸면 안 될까? 사람들도 많은데….

하아~

그게…, 나도 마음에 걸리긴 한데….

맞는 말에 ○표 하세요.

① [희한하게도 | 희안하게도] 아침에 개똥을 밟으면 그날은 재수가 좋았다.

② 심하게 싸울 때가 많았지만 [희안하게 | 희한하게] 짝꿍이 밉지는 않았다.

초판 1쇄 발행 2023년 5월 1일

지은이 인호빵
펴낸이 김영조
디자인 이병옥 | **마케팅** 김민수, 구예원 | **제작** 김경묵 | **경영지원** 정은진
편집 신영숙, 정은희 | **외주디자인** 문수미
펴낸곳 싸이클 | **주소** 서울시 마포구 양화로7길 44, 3층
전화 (02)335-0385/0399 | **팩스** (02)335-0397
이메일 cypressbook1@naver.com
홈페이지 www.cypressbook.co.kr
블로그 blog.naver.com/cypressbook1
포스트 post.naver.com/cypressbook1
인스타그램 싸이프레스 @cypress_book | 싸이클 @cycle_book
출판등록 2009년 11월 3일 제2010-000105호

ISBN 979-11-6032-160-9   73710

• 이 책은 저작권법에 따라 보호를 받는 저작물이므로 무단 전재 및 무단 복제를 금합니다.
• 책값은 뒤표지에 있습니다.
• 파본은 구입하신 곳에서 교환해 드립니다.
• 싸이프레스는 여러분의 소중한 원고를 기다립니다.

싸이클은 싸이프레스의 어린이 도서 브랜드입니다.